# ÉLÉMENS

# DÉMOCRATIQUES.

AUX

## ÉLECTEURS DE 1848.

PAR

## P. H. GUICHON.

> Le peuple ne peut créer aucun pouvoir héréditaire, car il ne pourrait en garantir la durée sans usurper ou aliéner les droits de la génération future.

Prix : 15 Centimes.

## PARIS.

A LA LIBRAIRIE, 52, PASSAGE DU GRAND-CERF,

SOUS L'HORLOGE,

Chez tous les libraires et marchands de publications nouvelles.

1848

# A MES CONCITOYENS.

Au moment où le peuple français va être appelé à exercer un droit sacré et incontestable, celui de *Souveraineté*, je crois faire acte de bon citoyen en mettant sous ses yeux les élémens qui peuvent lui assurer une constitution démocratique.

J'ai trop le sentiment de la droiture et de l'intelligence du peuple, et je suis moi-même trop peu de chose, pour avoir la prétention de l'instruire. Mais, comme depuis soixante ans, des opinions ou des idées de toute nature, rarement utiles, et souvent contraires au bonheur commun ont été émises ou appliquées sous diverses formes constitutionnelles, il est à craindre que dans ce moment solennel, tous les citoyens ne fassent pas une juste distinction entre le vrai et le faux. Cet *aperçu* n'a donc d'autre but que d'éclairer ceux qui ne sont pas habitués à l'étude des questions politiques et sociales ; si donc, il peut mettre dans la bonne voie quelques-uns de mes concitoyens exposés à s'égarer, mon travail n'aura pas été inutile, et j'aurai obtenu la seule récompense que j'ambitionne.

P.-H. Guichon.

# ÉLÉMENS DÉMOCRATIQUES

---

# AUX ÉLECTEURS DE 1848.

---

## DE LA SOUVERAINETÉ.

L'universalité des citoyens compose le peuple.

Dans l'universalité résident la puissance et la souveraineté.

Ainsi, le Souverain, c'est le Peuple.

Par suite, tout pouvoir comme toute justice, émanent du peuple.

Le peuple peut déléguer par l'élection une partie de sa souveraineté ; mais il ne s'en dessaisit jamais.

**Il ne peut créer aucun pouvoir héréditaire,** car il ne pourrait en garantir la durée, sans usurper ou aliéner les droits de la génération future.

D'où il suit que l'Assemblée nationale ne pourrait sans usurpation ou sans excès de pouvoir, consacrer ou établir un autre gouvernement que la République.

1.

Le peuple seul a le droit de sanctionner, de changer ou de modifier sa constitution.

Il ne peut aliéner, ni transmettre ce droit.

La loi devant être l'expression de la volonté générale, le peuple a naturellement la sanction des lois ou décrets.

Il peut déléguer ce droit de sanction.

Mais, je le répète, le droit de sanctionner les lois organiques , est *incommunicable.*

L'élection par le peuple doit s'étendre aussi loin que la raison le permet.

En conséquence , tout citoyen parvenu à la majorité légale et qui n'est pas sous le coup d'une peine afflictive ou infàmante , est électeur.

Tout électeur doit être éligible.

Le droit électoral est de trois sortes, direct, indirect ou partiel.

En voici quelques exemples :

**Par l'élection directe**, le peuple nomme les membres du pouvoir constituant ou législatif ; le chef, ou les membres du pouvoir exécutif.

Le chef ou les membres du pouvoir exécutif peuvent être nommés soit sur une liste présentée par le Corps législatif, soit sur une candidature directe.

**Par l'élection indirecte**, le peuple peut déléguer à quelques-uns de ses membres ou au pouvoir exécutif, le droit de nommer les ministres, les agens et employés de l'administration ;

Les chefs et les officiers de l'armée ;

Les chefs du pouvoir judiciaire, les conseillers (1) et les membres des cours et tribunaux , etc.

**Par l'élection partielle**, il nomme directement :

Les officiers municipaux ;

Les chefs de la garde nationale;

Les juges aux tribunaux de commerce ;

Les membres des conseils des prud'hommes , etc.

N. B. *Tous les dépositaires ou agens d'un pouvoir quelconque, sont responsables vis-à-vis du peuple.*

*Cette responsabilité doit faire l'objet d'un article de la Constitution, car il ne faut laisser en arrière, l'application ni la reconnaissance d'aucun principe démocratique.*

_________________

(1) Il ne doit plus y avoir de fonctions inamovibles : l'inamovibilité serait une restriction au droit électoral ; et , jusqu'à un certain point, une contradiction avec la responsabilité.

Le **pouvoir législatif** réside en une seule assemblée (1).

Ses attributions sont les suivantes :

Il discute et adopte, à la majorité, les lois et décrets sur la législation civile, commerciale, criminelle, administrative, etc.

Il fixe le titre, le poids, l'empreinte et la dénomination des monnaies ;

Il fixe la nature, l'importance et l'emploi des dépenses publiques, et le mode de perception ;

Il règle les emprunts nationaux, la vente ou l'administration des domaines nationaux ;

Il discute et ratifie les traités de paix, de commerce et d'alliance ;

Il vote le contingent annuel des forces de terre et de mer ;

Il rend des décrets pour les déclarations de guerre ;

Il nomme, en cas de guerre, le chef de l'armée ;

Il poursuit, conformément à la Constitution, les ministres ou autres agens de l'autorité, etc.

---

(1) L'une des grandes causes de l'imperfection des lois, c'est lorsqu'elles sont faites au moment du besoin : en ce cas, la prévention des circonstances écarte souvent le législateur des principes.

# DE LA LIBERTÉ.

La Société doit garantir à chacun de ses membres, toutes ses libertés naturelles :

**La liberté individuelle;**

Nul ne peut être accusé, arrêté, détenu, condamné et puni que dans les cas prévus par la loi et dans la forme qu'elle prescrit.

**La liberté de penser et d'exprimer sa pensée,** soit par la parole, soit par écrit.

En conséquence, tout citoyen peut manifester verbalement, ou par écrit, son opinion sur les lois, sur les actes ou les personnes du Gouvernement, ou sur toute autre matière, mais en se conformant ou en se soumettant aux lois.

**La liberté de réunion et d'association.**

**La liberté des cultes.**

**La liberté d'industrie.**

Je n'entends parler ici que de la liberté qu'a chaque citoyen de choisir le genre de travail ou d'industrie auquel il veut se consacrer.

Je ne prétends pas dire que toutes les industries doivent s'exercer librement et sans contrôle. Ceci est un autre ordre d'idées; il est certain que bien des indusdustries ne peuvent s'exercer, qu'avec l'agrément de l'autorité ou de la loi (1).

### Le droit de pétition, etc..

Toutes les libertés n'ont pour limites que les lois destinées à garantir les libertés ou les droits d'autrui ; par suite, chacun doit pouvoir faire ce qui n'est pas défendu par la loi, ou ce qui ne nuit pas à la sécurité ou au bien-être de tous.

Toutes les atteintes portées par des citoyens aux libertés ci-dessus, sont soumises au jury.

Si ces atteintes sont du fait des dépositaires ou agens d'un pouvoir quelconque, elles sont jugées conformément à la loi de responsabilité inscrite dans la constitution.

Toutes les lois qui pourraient être présentées plus tard, pour expliquer ou modifier une ou plusieurs des libertés ci-dessus, devront être considérées comme *organiques*. Elles ne pourront être proposées et discutées, qu'avec l'assentiment du Peuple, et sanctionnées que par lui.

---

(1) Il y a des industries insalubres ou dangereuses pour les voisinages. Il en est d'autres qui en raison de l'agglomération des travailleurs, doivent être soumises à des règles fixées par la loi.

# DE L'ÉGALITÉ.

**Égalité naturelle.**

La nature nous jette sur la terre avec les mêmes organes et les mêmes besoins.

Elle met en nous le même désir de les satisfaire.

Mais elle nous laisse exposés aux privations résultant de notre imprévoyance, ou aux violences de nos semblables qui sont plus forts que nous.

La Société est un être de raison.

Elle doit faire ce que n'a pas pu faire la nature, car elle a le même but qu'elle, la conservation et le bien-être des individus, et le maintien de leurs droits.

L'ancienne Société, fondée par des hommes puissans et tyranniques, avait pour but de satisfaire l'intérêt et les passions d'un petit nombre.

Désormais, la Société ne devra avoir d'autre but que le bonheur et le bien-être de tous.

L'égalité naturelle fait que tous les hommes

sont égaux, non pas seulement *devant la loi*, mais *avant la loi*.

**L'égalité sociale** consiste dans l'égalité des droits.

L'égalité de droits doit être le principe fondamental de notre constitution.

Ce principe ne peut être écarté pour ceux qui, depuis si longtemps, n'ont eu que des malheurs et des besoins.

Ce sont ceux, au contraire, dont il faut s'occuper particulièrement.

Il leur faut des garanties pour l'avenir ; et il n'y a pas de meilleures garanties que de les faire participer à la formation de la loi, et de reconnaître à tous des droits égaux.

**L'égalité politique et sociale** veut pour tous les citoyens, sans distinction :

1º *L'éducation primaire égale pour tous;*

Nos idées et notre raison ont besoin d'être éveillées ; il faut que l'instruction les tire de l'engourdisssement dans lequel elles s'éteindraient infailliblement.

La patrie doit en recueillir tous les fruits, car les intelligences de tous ses enfants lui appartiennent, et elle ne doit pas perdre une seule partie des richesses d'imagination que l'instruction peut développer.

Il faut que l'enfant, doué d'une intelligence ou d'une aptitude supérieures, ait droit à l'instruction secondaire et à l'instruction supérieure, et qu'il puisse prétendre à tout.

Il ne doit pas en être empêché par le manque de fortune (1).

2º *Le bien-être à la condition du travail ;*

3º *Du travail pour tous ceux qui en manquent et qui ne peuvent pas attendre ;*

4º *Que tous soient électeurs, éligibles, jurés, admissibles à tous les emplois (2) ;*

5º *Qu'ils contribuent tous également aux charges publiques ;*

Il est un impôt sacré dont aucun citoyen ne doit pouvoir s'affranchir, et qui doit être personnellement acquitté, surtout en temps de guerre ; c'est le service militaire.

Nul n'a le droit d'acheter ou de louer, pour quelque

---

(1) A cet égard, il faut reconnaître que le ministre actuel de l'instruction publique a devancé l'application de ces principes ; mais il faut qu'ils soient maintenus et garantis par la constitution.

(2) Le cumul des emplois publics est contraire à l'égalité : il doit être défendu par la loi, et n'être toléré que passagèrement.

Les fonctions publiques doivent être accessibles au plus grand nombre possible de citoyens.

temps seulement, la vie de son semblable ; comme nul n'a le droit de disposer de son existence. Celui qui se tue commet un acte de faiblesse ou un crime, Celui qui se vend se rabaisse au-dessous de l'esclave.

On peut, dans l'intérêt public, étendre les conditions d'exemption du service militaire, mais il faut proscrire le remplacement à prix d'argent.

6° *Qu'il n'y ait aucun privilége, si ce n'est dans l'intérêt général, etc.*

# DE LA FRATERNITÉ.

La Société, comme chaque citoyen, doit aide, secours et protection au malheureux, à l'opprimé, à la veuve et à l'orphelin.

Car tous les hommes sont frères.

Tous n'ont pas la même force, la même intelligence ; mais tous ont les mêmes besoins et les mêmes droits.

Les plus riches doivent concourir à l'amélioration du sort des pauvres et des travailleurs par l'impôt progressif ; par l'impôt somptuaire (1); par l'association de leurs capitaux dans des opérations industrielles, agricoles, etc.

---

(1) Les impôts progressifs et somptuaires supposent la richesse et le luxe.

Le luxe et la richesse ne sont utiles à une nation, que lorsqu'ils soutiennent les arts et l'industrie.

Ce sont les arts qui élèvent et grandissent les intelligences.

C'est dans les arts, le commerce et l'industrie qu'un grand nombre de travailleurs trouvent le travail et par suite le bien être.

C'est la fraternité qui doit régler les obligations des chefs d'industrie et des travailleurs.

C'est elle qui veut qu'une juste répartition soit faite entre-eux.

C'est elle qui est le principe de l'association.

C'est en son nom que doit disparaître l'antagonisme entre les hommes.

C'est la fraternité qui doit remplacer l'esprit de concurrence.

Il y a deux sortes de concurrences :

1º Celle qui résulte des faits, c'est la concurrence inévitable.

2º La concurrence intentionnelle (1), celle qui veut dominer par la force ou la puissance.

Il faut de la fraternité entre les industries, comme entre les hommes.

La fraternité entre le capital et le travail, c'est l'association.

La fraternité entre les industries, c'est la solidarité.

---

(1) La mauvaise concurrence, est entre autres, celle qu'exerce une grande industrie, afin d'anéantir les industries rivales. Cette concurrence conduit au monopole. Avec le monopole, il n'y a ni liberté, ni égalité, ni fraternité.

La fraternité entre les hommes (1), c'est le dévouement.

C'est la fraternité qui veut que chacun contribue aux charges de l'État, dans la proportion de ses forces et de sa fortune.

C'est aussi la fraternité, qui doit présider à l'établissement de l'impôt.

---

(1) Les attributions des tribunaux de paix, des conseils de prud'hommes et de tout ce qui tend à affaiblir l'antagonisme, entre les hommes, doivent être développées, et étendues autant que possible.

# DE L'IMPOT.

L'impôt forme le revenu public.

L'impôt doit être fraternel , car il est un des moyens naturels de compenser les inégalités sociales.

Il doit être établi, perçu et employé dans l'intérêt de tous.

Il existe aujourd'hui deux sortes d'impôts :

L'*impôt direct* (1) et l'*impôt indirect* (2).

Ces désignations indiquent deux natures de faits, et pas autre chose.

----

(1) L'*Impôt direct* comprend ,
Les contributions foncières, personnelles, mobilières les portes et fenêtres, les patentes, etc.,
(2) L'*Impôt indirect* comprend,
L'enregistrement, le timbre, les greffes, les hypothèques,
Les douanes, l'octroi, les droits de navigation,
Les sels, les tabacs, les poudres, les postes, etc.
L'Etat a d'autres revenus, tels que les coupes de bois, les monnaies, les mines, les amendes etc.

Désormais l'impôt devra être en outre progressif (1) somptuaire et fraternel.

L'impôt progressif doit frapper les revenus des propriétés, les rentes, les prêts hypothécaires, les successions, surtout les successions collatérales, les donations, etc.

L'impôt somptuaire doit frapper le luxe et l'oisiveté du riche. Il est en même temps progressif.

Les tabacs, les poudres de chasse, etc., sont des revenus somptuaires.

Le principe de la fraternité exige la révision immédiate du monopole du sel.

Il demande la réduction et l'uniformité du port des lettres.

L'impôt sur la consommation doit être établi de manière a diminuer autant que possible le prix des denrées de première nécessité ; telles que le pain, la viande, le vin, le sel, le poisson, les légumes, les fruits, etc.

---

(1) Le principe de l'impôt progressif existe déjà dans la cote mobilière, et personne ne s'en plaint ; il est :

de  2 fr. 50 p. 0/0 pour les loyers de 201 à 400 fr.
 »  3    50   »          »         401 à 500
 »  4    50   »          »         501 à 800
 »  5    50   »          »         801 et au-dessus·

Par suite, on devra modifier profondément, les conditions de l'octroi dans les grandes villes (1).

*N. B.* La nécessité de faire parvenir sur un même point, une grande quantité d'objets qui disparaissent chaque jour, est déjà une cause d'enchérissement de ces mêmes objets. Il n'est donc pas juste d'en augmenter encore le prix, par des droits d'octroi considérables.

---

(1) Les droits sur les boissons étaient tolérables jadis parce que les villes étaient presque toutes exemptes de la taille ou de quelque autre impôt dont les campagnes étaient grévées, et que plusieurs d'entre elles jouissaient de grands priviléges.

# DEVOIRS DU CITOYEN.

La loi étant l'expression de la volonté générale, chacun doit s'y soumettre, l'observer et la soutenir.

Chacun doit soumission, respect et concours aux dépositaires ou agents du pouvoir régulier.

Si un citoyen est prévenu d'un délit ou accusé d'un crime, il doit se soumettre.

Tout citoyen doit obéir à la loi; il doit ses services à la Société :

Comme électeur et éligible;

Comme gardien ou dépositaire des libertés publiques;

Comme magistrat;

Comme fonctionnaire public;

Comme défenseur de la patrie;

Comme contribuable, capitaliste, industriel, travailleur, etc.

Il doit s'opposer à tout acte de violence contre un autre citoyen.

Il doit résister à toute fausse application de

la loi, et traduire devant les magistrats tout agent de l'autorité coupable d'un tel crime.

Si la patrie est en danger, si le repos public est menacé, si les droits des citoyens sont attaqués, tous doivent s'armer pour les défendre, en vertu du droit imprescriptible de *Résistance à l'oppression*.

Celui qui reste calme en présence de tels faits, est un mauvais citoyen.

Il est indigne de la protection de la Société.

La loi qui le punit, n'est ni injuste ni barbare.

# DU TRAVAIL.

La Société doit assurer du travail à chaque citoyen, car le travail est pour chaque citoyen, un moyen de se procurer du-bien être, sans être à charge à la Société.

Elle peut, par contre, exiger que chaque citoyen travaille.

Elle doit secours, protection et bien-être au citoyen infirme et malheureux.

Le travail de chacun compose le produit social.

Celui qui ne travaille pas consomme sa part de produits, sans apporter son contingent de revenus

Il est nuisible au corps social, car il l'appauvrit de ce qu'il aurait dû produire.

En outre, il donne un exemple dangereux que la Société doit réprimer.

Le capitaliste qui fait fructifier ses capitaux dans l'industrie, à des conditions honnêtes, est un travailleur à un titre différent que l'ouvrier, l'écrivain, le juge, etc.; mais c'est un travailleur, car il concourt au bien-être général.

On s'est beaucoup occupé depuis quelque temps, de **l'organisation du travail.**

Je ne prétends pas discuter ici les divers systèmes qui ont été émis, car je n'ai pas de plan complet à proposer; et je ne voudrais pas faire naître le découragement dans les esprits, sans jeter un rayon de lumière sur cette question encore obscure.

Avant de proposer un système, il me semblerait néanmoins utile de connaître d'abord quel est le produit sommaire ou total de la production agricole et industrielle, et des autres élémens de revenu, et de déterminer dans quelle proportion la répartition de ce produit pourrait être faite à chacun de ceux qui y contribuent.

Cette répartition, une fois fixée, on verrait si chaque travailleur est suffisamment rétribué.

Nous avons des Codes qui font, avec raison, la gloire de notre pays.

Dans ces Codes sont établies les conditions de la famille, de la propriété, du commerce, etc.

Il n'y a pas de Code qui détermine les droits et les rapports des travailleurs.

Il faut un Code au travail, comme il y en a un pour la propriété et pour le commerce;

Car le travail est le plus étendu, le plus actif et le plus puissant des élémens de la richesse sociale.

La question d'organisation, ou plutôt de codification du travail, ne peut être complétement résolue que par le développement de l'agriculture.

Dans notre pays, ce n'est pas la terre qui manque à l'homme, c'est souvent l'homme qui manque à la terre.

Indépendament de la formation d'*ateliers nationaux*, dont l'expérience seule pourra indiquer l'utilité et l'influence sur le sort des travailleurs, l'État peut déclarer que certains travaux sont des travaux nationaux, et les faire exécuter par des travailleurs sans ouvrage.

Pourraient être considérés comme travaux nationaux :

1º *Le défrichement ou la mise en rapport des terres incultes.*

L'État ne peut, jusqu'à un certain point, contraindre le propriétaire à cultiver ses propriétés, car souvent celui-ci manque des capitaux nécessaires.

Mais si le propriétaire manque de ressources, l'État peut l'obliger à former une association avec des capitaux; ou bien l'exproprier, en l'indemnisant, ce qu'il est facile de faire, en donnant de l'extension à la loi d'expropriation pour cause d'utilité publique.

2º *Les irrigations.*

L'État peut établir des travaux d'irrigations, qui sont de puissans moyens de développement de la richesse agricole. Ces travaux seraient mis à la charge de ceux des propriétaires qui en profiteraient.

3º *Les desséchements de marais.*

Outre l'utilité des desséchemens pour la salubrité publique, les terrains desséchés seraient livrés à la culture et augmenteraient la production.

4º *La construction et l'amélioration des voies de communication, chemins de fer, chemins vicinaux, etc.*

------

Le Code du travail devrait déterminer :

1º *Les conditions du crédit foncier, agricole, commercial ou industriel, et les bases des Établissemens de crédit;*

La garantie rationnelle des établissemens de crédit est la solidarité entre tous ceux qui en profitent.

Cette solidarité doit s'établir entre les diverses natures de crédit, comme entre les diverses industries.

Dans une Société fraternelle, chacnn doit concourir au bien-être général ; car du bien-être général, découle le bien-être de chacun.

2° *Les bases de l'association entre le capital et le travail ;*

Ces bases, sont : 1° La rétribution du travail ; 2° celle du capital ; 3° la répartition des bénéfices, une part étant toujours réservée à une caisse de prévoyance pour les travailleurs.

3° *Les conditions d'existence des entreprises agricoles et industrielles ;*

Les ateliers particuliers, comme les ateliers nationaux seraient soumis à des règles protectrices des droits des travailleurs.

Si l'on établit des ateliers nationaux, leurs règles seraient celles fixées par la loi.

Dans les ateliers particuliers, la volonté seule des parties contractantes fixerait les conditions entre les intéressés. Mais la loi pourrait déterminer un minimum proportionnel de la rétribution des travailleurs (1), et la part à prélever sur les bénéfices pour la caisse de prévoyance.

---

(1) Il serait bien de charger les Conseils de prud'hommes de toutes les discussions relatives à la fixation du salaire. Il est bien entendu que l'intérêt de l'ouvrier devrait être directement représenté dans les Conseils de prud'hommes ; c'est-à-dire que des ouvriers devraient être membres de ces Conseils.

**N. B.** *La loi* (1) *donne au gouvernement le droit de refuser ou de donner son autorisation à une société anonyme, dont les intéressés sont des actionnaires qui, la plupart du temps, n'y engagent que leur superflu.*

*Elle devrait exercer la même surveillance sur les industries particulières, desquelles dépendent l'existence et le bien-être d'un grand nombre de travailleurs.*

*Une industrie importante peut être assimilée à un établissement public et soumise à la surveillance et à la sanction de l'autorité; et par le fait, celui qui la dirige est un fonctionnaire public et comme tel* responsable.

---

(1) Articles 37 à 40 du Code de commerce.

## DE LA RÉVOLUTION ET DU PROGRÈS.

Depuis cinquante ans, les divers gouvernemens de la France, ont calomnié l'esprit révolutionnaire.

Ils l'ont représenté comme le génie du mal et de l'anarchie, ayant pour auxiliaires, le pillage, l'incendie, les massacres ; que sais-je enfin ?

Ils ont voulu faire croire que la *Révolution* était un effet sans causes.

Pourtant, l'esprit révolutionnaire est seul organisateur et progressif.

L'énergie de son allure a presque toujours été irritée et augmentée par les obstacles qu'on accumulait sur ses pas.

La *Révolution* n'est autre chose que l'explosion du *progrès*, comprimé par les idées ou des actes réactionnaires.

Le *progrès* n'est autre chose que la *Révolution*, ou l'amélioration régulière et continue des lois humaines.

Tous les partisans du progrès sont donc des révolutionnaires, comme les révolutionnaires sont progressifs.

Le *progrès* régulier ne donne lieu qu'à des secousses à peine sensibles dans la Société, semblable en cela à un fleuve qui roule paisiblement ses eaux vers la mer, et dont les flots sont quelquefois agités ou grossis par une tempête passagère.

Mais, si une main puissante oppose une digue à ces eaux tranquilles, les eaux s'accumulent et montent derrière cet obstacle, et tôt ou tard elles le brisent, emportant avec elle et détruisant tout ce qui se trouve sur leur passage.

Telles sont les causes et les effets des révolutions.

Quelques-uns pensent que le lendemain d'une révolution, on doit se contenter de reprendre les droits et les libertés qui avaient été niés ou ravis.

C'est une erreur bien grande ; car s'il en était ainsi, l'esprit humain avancerait à peine, et se trouverait incessamment ballotté, sans progrès, entre deux oscillations, l'une en avant, l'autre en arrière.

La *Révolution* ne doit pas se contenter de réprendre ce qu'on lui avait ravi. Elle doit, en outre, conquérir de suite, la part de progrès qui devait s'accomplir pendant la durée de la réaction.

Le vrai révolutionnaire est celui qui marche

hardiment dans cette voie; et la République démocratique est le seul Gouvernement qui puisse *organiser* un ordre de choses assez fort pour épargner, à l'avenir, les révolutions violentes.

La Souveraineté du Peuple lui donne le droit de changer ou de modifier sa constitution.

Tous les progrès, toutes les améliorations politiques et sociales peuvent ainsi s'accomplir sans secousse, sans violence, sous l'empire seul de la discussion.

# CONCLUSION.

L'avenir du pays dépend du choix qui sera fait des Représentants du Peuple.

La République démocratique peut seule mettre un terme aux révolutions violentes. Elle seule peut fonder un ordre de choses régulier assez fort, assez élastique, pour accomplir tous les progrès politiques et sociaux.

Les électeurs doivent donc faire tomber leur choix sur des républicains ayant fait leurs preuves dans un long passé;

Et n'accepter parmi les républicains du lendemain que ceux qui adhèreront franchement et sans arrière pensée, aux principes démocratiques.

Quant à ceux-ci, il ne faut cependant les nommer, que faute de mieux et en petit nombre.

Car, je le répète, vouloir désormais autre chose que la République, ce serait vouloir usurper les droits du peuple. Ce serait appeler le fléau de la guerre civile sur notre belle et glorieuse patrie.

Typographie FÉLIX MALTESTE et Cie, rue des Deux-Portes-St-Sauveur.

105

www.ingramcontent.com/pod-product-compliance
Lightning Source LLC
Chambersburg PA
CBHW061120050726
47594CB00005B/2016